Generis

PUBLISHING

Quelle heure est-il?

LEONARD LIFESE

CIP a Camerei Naţionale a Cărţii

Lifese, Leonard.

Quelle heure est-il? / Leonard Lifese. – Chişinău : Generis Publishing, 2020 (Print on demand). – 75 p. : fig., fot. color.

ISBN 978-9975-153-14-0.

27

L-61

Cover image: www.pixabay.com

Generis Publishing
Online orders: www.generis-publishing.com
Orders by email: info@generis-publishing.com

Bien-aimés en Christ notre Seigneur,

C'est avec un cœur rempli de reconnaissance et de crainte à Celui qui nous a rachetés et qui nous a conservé aussi la vie que je vous salue tous dans son Nom précieux et glorieux, notre Seigneur et Sauveur Jésus-Christ.

C'est une grande joie et aussi un bonheur que de s'adresser à ceux-là qui ont été rachetés par Lui et qui Le reconnaissent comme leur Seul et unique Maître. Etant notre Maître, nous sommes alors ses disciples et ainsi nous comprenons l'importance de cette Parole des Ecritures: «*Tout disciple accompli sera comme son maître*».

Tout vrai disciple n'a qu'un seul maître et ce maître demeure son unique modèle toute sa vie entière car tout ce que le disciple doit faire et doit devenir ne vient que de ce qu'il a reçu du maître.

La Bible dit: «Tel Il est, tel aussi nous devons être». La vraie manière de vivre d'un disciple est basée sur la manière de vivre de son maître. Il est totalement et complètement soumis à son maître.

L'apôtre Paul a dit: « *Soyez mes imitateurs, comme je le suis moi-même de Christ*». L'apôtre avait trouvé son maître dont il était devenu disciple et profondément très attaché et très soumis. C'est ainsi qu'il déclare: «*Mais ces choses qui étaient pour moi des gains, je les ai* *regardées comme une perte, à cause de Christ.Et même je regarde toutes choses comme une perte, <u>**à cause de l'excellence de la connaissance de Jésus-Christ mon Seigneur, pour lequel j'ai renoncé à tout,**</u> et je les regarde comme de la boue, afin de gagner Christ,»* Phil. 3: 7-8.

Dans cet élan de cœur à cause de celui qu'il a trouvé et pour qui il a tout abandonné pour s'attacher à Lui seul, il dit plus loin dans la même épître aux philippiens au verset 17 ceci:«*Soyez mes imitateurs, frères ...*», c'est-à-dire imitez-moi comme je l'ai fait car notre Seigneur Lui-même a dit: «*Nul ne peut servir deux maîtres. Car, ou il haïra l'un, et aimera l'autre; ou il s'attachera à l'un, et méprisera l'autre :*».

Ce qui est important pour le croyant, c'est se positionner et connaître qui est son maître. Il vous faut un maître qui devra rester le seul tout au long de votre vie et qui devra occuper votre vie entière. Car, c'est ce qui sera votre raison de vivre parce que maintenant vous avez une raison de vivre. Paul, en tant que croyant avait trouvé Celui pour qui sa vie avait un sens et qui était devenu sa raison de vivre et dont les enseignements étaient un absolu pour lui.

Jésus le Christ était un ABSOLU pour lui et il a aussi réalisé que **Jésus-Christ** était **la Parole de Dieu faite chair, Dieu manifesté dans la chair.**

L'apôtre Paul était profondément heureux et rempli de reconnaissance à Dieu à cause de la révélation de qui était **Jésus** qu'on appelle **le Christ:**

«Je vous déclare, frères, que l'Évangile qui a été annoncé par moi n'est pas de l'homme; car je ne l'ai ni reçu ni appris d'un homme, mais par une révélation de Jésus-Christ.

Vous avez su, en effet, quelle était autrefois ma conduite dans le judaïsme, comment je persécutais à outrance et ravageais l'Église de Dieu, et comment j'étais plus avancé dans le judaïsme que beaucoup de ceux de mon âge et de ma nation, étant animé d'un zèle excessif pour les traditions de mes pères.

Mais, lorsqu'il plut à Celui qui m'avait mis à part dès le sein de ma mère, et qui m'a appelé par sa grâce, de révéler en moi son Fils, afin que je l'annonçasse parmi les païens, aussitôt, je ne consultai ni la chair ni le sang, et je ne montai point à Jérusalem vers ceux qui furent apôtres avant moi, mais je partis pour l'Arabie. Puis je revins encore à Damas.»

Gal. 1: 11-17.

Depuis lors, il n'a pas eu un autre nom dans sa bouche lors de ses prédications comme il le dit lui-même:

«Je vous exhorte, frères, par le nom de notre Seigneur Jésus-Christ, à tenir tous un même langage, et à ne point avoir de divisions parmi vous, mais à être parfaitement unis dans un même esprit et dans un même sentiment. Car, mes frères, j'ai appris à votre sujet, par les gens de Chloé, qu'il y a des disputes au milieu de vous. Je veux dire que chacun de vous parle ainsi: Moi, je suis de Paul! et moi, d'Apollos! et moi, de Céphas! et moi, de Christ! Christ est-il divisé? Paul a-t-il été crucifié pour vous, ou est-ce au nom de Paul que vous avez été baptisés?

Je rends grâces à Dieu de ce que je n'ai baptisé aucun de vous, excepté Crispus et Gaïus, afin que personne ne dise que vous avez été baptisés en mon nom. J'ai encore baptisé la famille de Stéphanas; du reste, je ne sache pas que j'aie baptisé quelque autre personne. Ce n'est pas pour baptiser que Christ m'a envoyé, c'est pour annoncer l'Évangile, et cela sans la sagesse du langage, afin que la croix de Christ ne soit pas rendue vaine. Car la prédication de la croix est une folie pour ceux qui périssent; mais pour nous qui sommes sauvés, elle est une puissance de Dieu.

Aussi est-il écrit: Je détruirai la sagesse des sages, et J'anéantirai l'intelligence des intelligents. Où est le sage? Où est le scribe? Où est le disputeur de ce siècle? Dieu n'a-t-il pas convaincu de folie la sagesse du monde? Car puisque le monde, avec sa sagesse, n'a point connu Dieu dans la sagesse de Dieu, il a plu à Dieu de sauver les croyants par la folie de la prédication.

Les Juifs demandent des miracles et les Grecs cherchent la sagesse: nous, nous prêchons Christ crucifié; scandale pour les Juifs et folie pour les païens, mais puissance de Dieu et sagesse de Dieu pour ceux qui sont appelés, tant Juifs que Grecs. Car la folie de Dieu est plus sage que les hommes, et la faiblesse de Dieu est plus forte que les hommes.» 1 Cor. 1: 10-25.

Nous remarquons que ce n'est pas son nom qu'il voulait que les hommes connaissent ou qu'ils baptisent en son nom. Il a dit encore ceci:

«moi, frères, lorsque je suis allé chez vous, ce n'est pas avec une supériorité de langage ou de sagesse que je suis allé vous annoncer le témoignage de Dieu. <u>Car je n'ai pas eu la pensée de savoir parmi vous autre chose que Jésus-Christ, et Jésus-Christ crucifié.</u>

Moi-même j'étais auprès de vous dans un état de faiblesse, de crainte, et de grand tremblement; et ma parole et ma prédication ne reposaient pas sur les discours persuasifs de la sagesse, mais sur une démonstration d'Esprit et de puissance, afin que votre foi fût fondée, non sur la sagesse des hommes, mais sur la puissance de Dieu.>

1 Cor. 2: 1-5.

Il ne cherchait pas à se faire un nom, il cherchait plutôt à ce que le Nom de son Maître soit connu afin que les autres suivent et s'identifient à son Maître et cela conformément à ce que le Maître Lui-même avait dit dans Matthieu chapitre 28:

«Jésus, s'étant approché, leur parla ainsi: Tout pouvoir M'a été donné dans le ciel et sur la terre. <u>Allez, faites de toutes les nations des disciples</u>, les baptisant au nom du Pere, du Fils et du Saint-Esprit, et enseignez-leur à observer tout ce que Je vous ai prescrit. Et voici, Je suis avec vous tous les jours, jusqu'à la fin du monde.»

La commission du Maître est de faire des disciples, des disciples qui soient disciples du Maître et non disciples de quelqu'un d'autre, car les uns et les autres ont fait des disciples pour eux-mêmes et encore les autres font des disciples pour celui qui s'est fait maître à la place du Maître:

«Lorsqu'ils furent arrivés vers lui, il leur dit: Vous savez de quelle manière, depuis le premier jour où je suis entré en Asie, je me suis sans cesse conduit avec vous, servant le Seigneur en toute humilité, avec larmes, et au milieu des épreuves que me suscitaient les embûches des Juifs.

Vous savez que je n'ai rien caché de ce qui vous était utile, et que je n'ai pas craint de vous prêcher et de vous enseigner publiquement et dans les maisons, annonçant aux Juifs et aux Grecs la repentance envers Dieu et la foi en notre Seigneur Jésus-Christ.

Et maintenant voici, lié par l'Esprit, je vais à Jérusalem, ne sachant pas ce qui m'y arrivera; seulement, de ville en ville, l'Esprit Saint m'avertit que des liens et des tribulations m'attendent. Mais je ne fais pour moi-même aucun cas de ma vie, comme si elle m'était précieuse, pourvu que j'accomplisse ma course avec joie, et le ministère que j'ai reçu du Seigneur Jésus, d'annoncer la bonne nouvelle de la grâce de Dieu. Et maintenant voici, je sais que vous ne verrez plus mon visage, vous tous au milieu desquels j'ai passé en prêchant le royaume de Dieu.

C'est pourquoi je vous déclare aujourd'hui que je suis pur du sang de vous tous, car je vous ai annoncé tout le conseil de Dieu, sans en rien cacher. Prenez donc garde à vous-mêmes, et à tout le troupeau sur lequel le Saint-Esprit vous a établis évêques, pour paître l'Église du Seigneur, qu'il s'est acquise par son propre sang. Je sais qu'il s'introduira parmi vous, après mon départ, des loups cruels qui n'épargneront pas le troupeau, <u>et qu'il s'élèvera du milieu de vous des hommes qui enseigneront des choses pernicieuses, pour entraîner les disciples après eux.</u>

Veillez donc, vous souvenant que, durant trois années, je n'ai cessé nuit et jour d'exhorter avec larmes chacun de vous.» Actes 20: 18-31.

L'apôtre Paul n'avait qu'un seul objectif dans sa vie: «**Jésus-Christ, Jésus-Christ crucifié**». Partout où il allait, il ne prêchait que **Jésus-Christ:**

«'est pourquoi, ayant ce ministère, selon la miséricorde qui nous a été faite, nous ne perdons pas courage. Nous rejetons les choses honteuses qui se font en secret, nous n'avons point une conduite astucieuse, et nous n'altérons point la parole de Dieu. Mais, en publiant la vérité, nous nous recommandons à toute conscience d'homme devant Dieu. Si notre Évangile est encore voilé, il est voilé pour ceux qui périssent; pour les incrédules dont le dieu de ce siècle a aveuglé l'intelligence, afin qu'ils ne vissent pas briller la splendeur de l'Évangile de la gloire de Christ, qui est l'image de Dieu.*

Nous ne nous prêchons pas nous-mêmes; c'est Jésus-Christ le Seigneur que nous prêchons, et nous nous disons vos serviteurs a cause de Jesus.» 2 Cor. 4: 1-5.

Voilà l'exemple d'un véritable disciple du Seigneur Jésus-Christ, un véritable apôtre et serviteur du Seigneur. Il ne s'est jamais placé lui-même au-dessus des autres ni apporté son enseignement propre, mais il est toujours resté fidèle à son Maître et à ses enseignements comme il le dit aussi lui-même: «*Je vous ai enseigné avant tout comme je l'avais aussi reçu ...*» 2 Cor. 15: 3.

De qui a-t-il reçu ce qu'il a enseigné? De Gamaliel? De Pierre? De Jacques?

Il nous répond à cette question: «*Car j'ai reçu du Seigneur ce que je vous ai enseigné...*» 1 Cor. 11: 23.

Et plus loin, il nous dira encore:

«*Et maintenant, est-ce la faveur des hommes que je désire, ou celle de Dieu? Est-ce que je cherche à plaire aux hommes? Si je plaisais encore aux hommes, je ne serais pas serviteur de Christ.*

<u>Je vous déclare, frères, que l'Évangile qui a été annoncé par moi n'est pas de l'homme; car je ne l'ai ni reçu ni appris d'un homme, mais par une révélation de Jésus-Christ.</u>

Vous avez su, en effet, quelle était autrefois ma conduite dans le judaïsme, comment je persécutais à outrance et ravageais l'Église de Dieu, et comment j'étais plus avancé dans le judaïsme que beaucoup de ceux de mon âge et de ma nation, étant animé d'un zèle excessif pour les traditions de mes pères. Mais, lorsqu'il plut à celui qui m'avait mis à part dès le sein de ma mère, et qui m'a appelé par sa grâce, de révéler en moi son Fils, afin que je l'annonçasse parmi les païens, aussitôt<u>, je ne consultai ni la chair ni le sang, et je ne montai point à Jérusalem vers ceux qui furent apôtres avant moi, mais je partis pour l'Arabie. Puis je revins encore à Damas.</u>» Gal. 1: 10-17.

Quel témoignage! C'est cet homme de Dieu qui a dit:

«Soyez tous mes imitateurs, frères, et portez les regards sur ceux qui marchent selon le modèle que vous avez en nous.» Phil. 2: 17.

Cet homme de Dieu, l'apôtre Paul, savait très bien ce qu'il disait car lui-même était sous une autre emprise avant qu'il devienne totalement libre et qu'il réalise le grand bonheur de s'attacher complètement à son Maître et à Le servir Lui seul. Avant, il cherchait l'approbation des autres, la faveur des hommes, il devait absolument faire les choses comme les autres suivaient le mouvement. Il devait chercher à avoir l'appui du sanhédrin, l'appui du souverain sacrificateur, il devait chercher à se faire un nom, devenir un homme connu. Il le dit lui-même en déclarant qu'il était ' pharisien ', c'est-à-dire la forme de croyance la plus rigide dans la foi hébraïque. Ils se disent 'de Moïse':

«lui dirent : Que t'a-t-il fait? Comment t'a-t-il ouvert les yeux? Il leur répondit: Je vous l'ai déjà dit, et vous n'avez pas écouté; pourquoi voulez-vous l'entendre encore? Voulez-vous aussi devenir ses disciples? Ils l'injurièrent et dirent: C'est toi qui es son disciple; nous, <u>nous sommes disciples de Moïse.</u> Nous savons que Dieu a parle a Moise; mais celui-ci, nous ne savons d'ou il est.» Jean 9: 26-29.

Ils se réclamaient de Moïse, fondamentalistes dans la loi. Se réclamer de Moïse était une marque de notoriété qu'ils s'étaient appropriés pour s'attirer le monopole de Dieu, l'adoration et l'admiration du peuple car tout Israël reconnaissait Moïse comme un puissant prophète de Dieu. Moïse était l'homme qui parlait avec Dieu, un envoyé de Dieu, celui qui a reçu la loi et les ordonnances pour le service dans le tabernacle et a donné les instructions selon ce que Dieu lui avait ordonnées pour la répartition des lévites dans leur tâche pour servir Dieu.

C'était des hommes qui avaient toujours dans la bouche lors de leur prédication: «**Moïse a dit..., Moïse a dit ...**». Ce sont les pharisiens qui ont farouchement combattu le Seigneur, ils n'aimaient pas le Seigneur, ils cherchaient par tout le moyen à Le faire taire et ils faisaient campagne contre Lui auprès du peuple pour détruire son influence auprès du peuple.

«Les pharisiens sortirent, et ils se consultèrent sur les moyens de le faire périr» Matt. 12: 14

Comme ils se referaient toujours à Moïse avec des motifs impurs dans le cœur, le Seigneur leur a dit ceci:

«sondez les Écritures, parce que vous pensez avoir en elles la vie éternelle: ce sont elles qui rendent témoignage de moi. Et vous ne voulez pas venir à moi pour avoir la vie!

<u>Je ne tire pas ma gloire des hommes</u>. Mais je sais que vous n'avez point en vous l'amour de Dieu. Je suis venu au nom de mon Pere, et vous ne me recevez pas; si un autre vient en son propre nom, vous le recevrez. <u>Comment pouvez-vous croire, vous qui tirez votre gloire les uns des autres, et qui ne cherchez point la gloire qui vient de Dieu seul?</u>

<u>Ne pensez pas que moi Je vous accuserai devant le Père; celui qui vous accuse, c'est Moïse, en qui vous avez mis votre espérance.</u>

Car si vous croyiez Moïse, vous me croiriez aussi, parce qu'il a écrit de moi. Mais si vous ne croyez pas à ses écrits, comment croirez-vous à mes paroles?> Jean 5: 39-47.

Le Seigneur nous montre par-là que cet esprit de pharisien est un mauvais esprit. Ils répétaient ce que Moïse avait dit, mais ne croyaient pas ce que Moïse avait vraiment dit, c'est-à-dire les Ecritures car s'ils avaient vraiment cru Moïse c'est-à-dire les Ecritures, ils auraient cru au Seigneur. Moïse en avait parlé dans ses écrits.

Ils avaient plus dans l'esprit et la pensée «Moïse a dit …», mettant l'accent plus sur la personne de Moïse jusqu'à en faire un dieu, plutôt que sur l'Esprit qui conduisait Moïse: *«La lettre tue mais l'Esprit vivifie».*

Ce n'est pas l'esprit de Moïse dont il était question mais bien de *L'ESPRIT de Dieu.*

Le vrai problème avec les pharisiens, **c'est qu'ils n'aimaient pas la vérité**. De ce fait, ils avaient l'apparence de la piete mais reniaient ce qui en faisait la force.

Ils n'étaient pas de Dieu, le Seigneur leur a dit:

«Je sais que vous êtes la postérité d'Abraham; mais vous cherchez à me faire mourir, parce que ma parole ne pénètre pas en vous. Je dis ce que j'ai vu chez mon Père; et vous, vous faites ce que vous avez entendu de la part de votre père.

Ils lui répondirent: Notre père, c'est Abraham. Jésus leur dit: Si vous étiez enfants d'Abraham, vous feriez les œuvres d'Abraham. Mais maintenant vous cherchez à me faire mourir, moi qui vous ai dit la vérité que j'ai entendue de Dieu. Cela, Abraham ne l'a point fait. Vous faites les œuvres de votre père. Ils lui dirent: Nous ne sommes pas des enfants illégitimes; nous avons un seul Père, Dieu.

Jésus leur dit: Si Dieu était votre Père, vous m'aimeriez, car c'est de Dieu que Je suis sorti et que Je viens; Je ne suis pas venu de moi-même, mais c'est lui qui m'a envoyé. Pourquoi ne comprenez-vous pas mon langage? Parce que vous ne pouvez écouter ma Parole. Vous avez pour père le diable, et vous voulez accomplir les désirs de votre père. Il a été meurtrier dès le commencement, et il ne se tient pas dans la vérité, parce qu'il n'y a pas de vérité en lui. Lorsqu'il profère le mensonge, il parle de son propre fonds; car il est menteur et le père du mensonge.

Et moi, parce que Je dis la vérité, vous ne me croyez pas. Qui de vous me convaincra de péché? Si je dis la vérité, pourquoi ne me croyez-vous pas? Celui qui est de Dieu, écoute les paroles de Dieu; vous n'écoutez pas, parce que vous n'êtes pas de Dieu.»
Jean 8: 37-47.

Et plus loin, l'écriture dit:

«Jésus, parlant à la foule et à ses disciples, dit: Les scribes et les pharisiens sont assis dans la chaire de Moïse. Faites donc et observez tout ce qu'ils vous disent; mais n'agissez pas selon leurs œuvres. Car ils disent, et ne font pas. Ils lient des fardeaux pesants, et les mettent sur les épaules des hommes, mais ils ne veulent pas les remuer du doigt. Ils font toutes leurs actions pour être vus des hommes. Ainsi, ils portent de larges phylactères, et ils ont de longues franges à leurs vêtements; ils aiment la première place dans les festins, et les premiers sièges dans les synagogues; ils aiment à être salués dans les places publiques, et à être appelés par les hommes Rabbi, Rabbi.

Mais vous, ne vous faites pas appeler Rabbi; car un seul est votre Maître, et vous êtes tous frères. Et n'appelez personne sur la terre votre père; car un seul est votre Père, celui qui est dans les cieux. Ne vous faites pas appeler directeurs; car un seul est votre Directeur, le Christ. Le plus grand parmi vous sera votre serviteur. Quiconque s'élèvera sera abaissé, et quiconque s'abaissera sera élevé.

Malheur à vous, scribes et pharisiens hypocrites! parce que vous fermez aux hommes le royaume des cieux; vous n'y entrez pas vous-mêmes, et vous n'y laissez pas entrer ceux qui veulent entrer.

Malheur à vous, scribes et pharisiens hypocrites! parce que vous dévorez les maisons des veuves, et que vous faites pour l'apparence de longues prières; à cause de cela, vous serez jugés plus sévèrement.

Malheur à vous, scribes et pharisiens hypocrites! parce que vous courez la mer et la terre pour faire un prosélyte; et, quand il l'est devenu, vous en faites un fils de la géhenne deux fois plus que vous.

Malheur à vous, conducteurs aveugles! Qui dites: Si quelqu'un jure par le temple, ce n'est rien; mais, si quelqu'un jure par l'or du temple, il est engagé.

Insensés et aveugles! Lequel est le plus grand, l'or, ou le temple qui sanctifie l'or?

Si quelqu'un, dites-vous encore, jure par l'autel, ce n'est rien; mais, si quelqu'un jure par l'offrande qui est sur l'autel, il est engagé.Aveugles! Lequel est le plus grand, l'offrande, ou l'autel qui sanctifie l'offrande?

Celui qui jure par l'autel jure par l'autel et par tout ce qui est *dessus; celui qui jure par le temple jure par le temple et par celui qui l'habite; et celui qui jure par le ciel jure par le trône de Dieu et par celui qui y est assis.*

Malheur à vous, scribes et pharisiens hypocrites! parce que vous payez la dîme de la menthe, de l'aneth et du cumin, et que vous laissez ce qui est plus important dans la loi, la justice, la miséricorde et la fidélité: c'est là ce qu'il fallait pratiquer, sans négliger les autres choses. Conducteurs aveugles! Qui coulez le moucheron, et qui avalez le chameau.

Malheur à vous, scribes et pharisiens hypocrites! parce que vous nettoyez le dehors de la coupe et du plat, et qu'au dedans ils sont pleins de rapine et d'intempérance.

Pharisien aveugle! Nettoie premièrement l'intérieur de la coupe et du plat, afin que l'extérieur aussi devienne net.

Malheur à vous, scribes et pharisiens hypocrites! parce que vous ressemblez à des sépulcres blanchis, qui paraissent beaux au dehors, et qui, au dedans, sont pleins d'ossements de morts et de toute espèce d'impuretés.

Vous de même, au dehors, vous paraissez justes aux hommes, mais, au dedans, vous êtes pleins d'hypocrisie et d'iniquité.

Malheur à vous, scribes et pharisiens hypocrites! parce que vous bâtissez les tombeaux des prophètes et ornez les sépulcres des justes, et que vous dites: Si nous avions vécu du temps de nos pères, nous ne nous serions pas joints à eux pour répandre le sang des prophètes.

Vous témoignez ainsi contre vous-mêmes que vous êtes les fils de ceux qui ont tué les prophètes. Comblez donc la mesure de vos pères. Serpents, race de vipères! Comment échapperez-vous au châtiment de la géhenne? C'est pourquoi, voici, Je vous envoie des prophètes, des sages et des scribes. Vous tuerez et crucifierez les uns, vous battrez de verges les autres dans vos synagogues, et vous les persécuterez de ville en ville, afin que retombe sur vous tout le sang innocent répandu sur la terre, depuis le sang d'Abel le juste jusqu'au sang de Zacharie, fils de Barachie, que vous avez tué entre le temple et l'autel.

Je vous le dis en vérité, tout cela retombera sur cette génération.» Matth. 23: 1-36.

Voilà ce que Dieu voit dans ceux-là qui clamaient très haut au peuple qu'ils étaient des serviteurs de Dieu et qu'ils étaient disciples de Moïse et qu'ils observaient strictement ce que Moïse avait dit .

Le Seigneur leur dit: «ïse en qui vous avez placé votre espérance est celui qui vous accusera devant mon Père».

Le Seigneur leur a révélé quelque chose qu'ils ignoraient. C'est bien de chercher la gloire venant des hommes, d'être considéré et de toujours choisir la première place, de vouloir être le chef de tous, le seul qui doit être vu et considéré comme plus spirituel que les autres mais, à la fin, entendre une telle déclaration:

«ne vous ai jamais connus, retirez-vous de moi, vous qui commettez l'iniquité », c'est-a-dire etre rejete par le Seigneur.

«Ceux qui me disent: Seigneur, Seigneur! N'entreront pas tous dans le royaume des cieux, mais celui-là seul qui fait la volonté de mon Père qui est dans les cieux. Plusieurs me diront en ce jour-là: Seigneur, Seigneur, n'avons-nous pas prophétisé par ton nom? N'avons-nous pas chassé des démons par ton nom? Et n'avons-nous pas fait beaucoup de miracles par ton nom? Alors Je leur dirai ouvertement: Je ne vous ai jamais connus, retirez-vous de moi, vous qui commettez l'iniquité.» Matth. 7: 21-23.

Les pharisiens aimaient beaucoup et souvent parler de Moïse et se référer à lui tout le temps. Ils étaient très éloquents en ce qui concerne Moïse et les citations. Ils étaient presque tous des docteurs de la loi de Moïse, ils y ajoutaient des interprétations qui sont devenues des doctrines et des traditions, éloignant totalement le peuple loin de ce que Moïse avait réellement dit. Ils ont fait dire à Moïse ce qu'il n'avait pas dit car ils ne savaient pas vraiment ce que Moïse avait réellement dit. Ils répétaient Moïse sans vraiment comprendre ce qu'il avait dit ni même ses écrits. L'esprit pharisien était l'arme de Satan pour contrer l'œuvre de Dieu.

Ils servaient Satan:

«*Malheur à vous, scribes et pharisiens hypocrites! parce que vous fermez aux hommes le royaume des cieux; vous n'y entrez pas vous-mêmes, et vous n'y laissez pas entrer ceux qui veulent entrer.*
Malheur à vous, scribes et pharisiens hypocrites! parce que vous dévorez les maisons des veuves, et que vous faites pour l'apparence de longues prières; à cause de cela, vous serez jugés plus sévèrement.
Malheur à vous, scribes et pharisiens hypocrites! parce que vous courez la mer et la terre pour faire un prosélyte; et, quand il l'est devenu, vous en faites un fils de la géhenne deux fois plus que vous.»
Matth. 23: 13-15.

C'est vraiment très effrayant d'entendre ce que le Seigneur venait de dire aux pharisiens, des prédicateurs:

«*Malheur à vous, scribes et pharisiens hypocrites! parce que vous courez la mer et la terre pour faire un prosélyte; et, quand il l'est devenu, vous en faites un fils de la géhenne deux fois plus que vous.*>

Ils couraient la mer et la terre pour aller prêcher, mais dans quel but? Dans le but **de faire un prosélyte; et, quand il l'est devenu,**

VOUS EN FAITES UN FILS DE LA GEHENNE DEUX FOIS PLUS QU'EUX.

Ils donnaient l'impression que le fait de prêcher était un signe d'être un homme de Dieu, un serviteur agréé de Dieu, un homme saint, un homme sauvé. Mais quelle surprise d'entendre que le fait de prêcher n'est pas du tout un signe du salut car celui qui prêche n'est même pas connu par le Seigneur ni ne connait le Seigneur car il n'est même pas sauvé!

Il répète des choses comme un perroquet. Ce sont des fanatiques.

L'apôtre Paul était de ce nombre et il avait conscience de ce que le Seigneur disait. Il est reconnaissant au Seigneur pour la grâce qu'Il lui avait accordée d'avoir les yeux ouverts et de sortir de tout système d'homme dans lequel il était:

«frères et pères, écoutez ce que j'ai maintenant à vous dire pour ma défense! Lorsqu'ils entendirent qu'il leur parlait en langue hébraïque, ils redoublèrent de silence.

Et Paul dit: Je suis Juif, né à Tarse en Cilicie; mais j'ai été élevé dans cette ville-ci, et instruit aux pieds de Gamaliel dans la connaissance exacte de la loi de nos pères, étant plein de zèle pour Dieu, comme vous l'êtes tous aujourd'hui.

J'ai persécuté à mort cette doctrine, liant et mettant en prison hommes et femmes. Le souverain sacrificateur et tout le collège des anciens m'en sont témoins. J'ai même reçu d'eux des lettres pour les frères de Damas, où je me rendis afin d'amener liés à Jérusalem ceux qui se trouvaient là et de les faire punir.

Comme j'étais en chemin, et que j'approchais de Damas, tout à coup, vers midi, une grande lumière venant du ciel resplendit autour de moi. Je tombai par terre, et j'entendis une voix qui me disait:

Saul, Saul, pourquoi me persécutes-tu?

Je répondis: Qui es-tu, Seigneur?

Et Il me dit: Je suis Jésus de Nazareth, que tu persécutes. Ceux qui étaient avec moi virent bien la lumière, mais ils n'entendirent pas la voix de celui qui parlait.

Alors je dis: Que ferai-je, Seigneur?

Et le Seigneur me dit: Lève-toi, va à Damas, et là on te dira tout ce que tu dois faire. Comme je ne voyais rien, à cause de l'éclat de cette lumière, ceux qui étaient avec moi me prirent par la main, et j'arrivai à Damas.

Or, un nommé Ananias, homme pieux selon la loi, et de qui tous les Juifs demeurant à Damas rendaient un bon témoignage, vint se présenter à moi, et me dit: Saul, mon frère, recouvre la vue. Au même instant, je recouvrai la vue et je le regardai.

Il dit: Le Dieu de nos pères t'a destiné à connaître sa volonté, à voir le Juste, et à entendre les paroles de sa bouche; car tu lui serviras de témoin, auprès de tous les hommes, des choses que tu as vues et entendues. Et maintenant, que tardes-tu? Lève-toi, sois baptisé, et lavé de tes péchés, en invoquant le nom du Seigneur.

De retour à Jérusalem, comme je priais dans le temple, je fus ravi en extase, et je vis le Seigneur qui me disait: Hâte-toi, et sors promptement de Jérusalem, parce qu'ils ne recevront pas ton témoignage sur moi.

Et je dis: Seigneur, ils savent eux-mêmes que je faisais mettre en prison et battre de verges dans les synagogues ceux qui croyaient en toi, et que, lorsqu'on répandit le sang d'Étienne, ton témoin, j'étais moi-même présent, joignant mon approbation à celle des autres, et gardant les vêtements de ceux qui le faisaient mourir.Alors il me dit: Va, Je t'enverrai au loin vers les nations...» Actes 22: 1-21.

C'est cet homme de Dieu qui nous dit: *«Soyez mes imitateurs, frères...»*

Il reconnait combien le Seigneur est vraiment bon pour lui. Et en rapport avec le fait de prêcher comme il en est avec les pharisiens, puisqu'il était lui-même pharisien donc animé par ce mauvais esprit qui anime les pharisiens, il dit:

«Si j'annonce l'Évangile, ce n'est pas pour moi un sujet de gloire, car la necessite m'en est imposee, et malheur a moi si je n'annonce pas l'Evangile! Si je le fais de bon cœur, j'en ai la recompense; mais si je le fais malgre moi, c'est une charge qui m'est confiee.

Quelle est donc ma récompense? C'est d'offrir gratuitement l'Évangile que j'annonce, sans user de mon droit de prédicateur de l'Évangile. Car, bien que je sois libre à l'égard de tous, je me suis rendu le serviteur de tous, afin de gagner le plus grand nombre.

Avec les Juifs, j'ai été comme Juif, afin de gagner les Juifs; avec ceux qui sont sous la loi, comme sous la loi (quoique je ne sois pas moi-même sous la loi), afin de gagner ceux qui sont sous la loi; avec ceux qui sont sans loi, comme sans loi (quoique je ne sois point sans la loi de Dieu, étant sous la loi de Christ), afin de gagner ceux qui sont sans loi.

J'ai été faible avec les faibles, afin de gagner les faibles. Je me suis fait tout à tous, afin d'en sauver de toute manière quelques-uns. Je fais tout à cause de l'Évangile, afin d'y avoir part. Ne savez-vous pas que ceux qui courent dans le stade courent tous, mais qu'un seul remporte le prix? Courez de manière à le remporter.

Tous ceux qui combattent s'imposent toute espèce d'abstinences, et ils le font pour obtenir une couronne corruptible; mais nous, faisons-le pour une couronne incorruptible. Moi donc, je cours, non pas comme à l'aventure; je frappe, non pas comme battant l'air.

Mais je traite durement mon corps et je le tiens assujetti, <u>de peur d'être moi-même rejeté, après avoir prêché aux autres.</u>»
1 Cor. 9: 16-27.

Quelle grande leçon! Il faut être de Dieu pour qu'une telle Parole te touche et te pousse à réfléchir. C'est cela la grâce de Dieu, s'examiner avec les Ecritures et ne pas courir comme à l'aventure, ne pas frapper comme battant l'air. Ce qui est très fort encore, ce sont les paroles que nous venons d'entendre de la bouche de notre Seigneur lorsqu'en s'adressant aux pharisiens.

Il dit: «<u>*Malheur à vous, scribes et pharisiens hypocrites! parce que vous courez la mer et la terre pour faire un prosélyte; et, quand il l'est devenu, vous en faites un fils de la géhenne deux fois plus que vous*</u>». Matth. 7: 23

Ce qui est effrayant, c'est d'apprendre que ceux qui suivent les pharisiens dans leurs enseignements, ils deviennent **des fils de la géhenne deux fois plus que les pharisiens eux-mêmes.**

Quelle révélation! En vérité, la commission du Seigneur était de faire des disciples du Seigneur dans toutes les nations, c'est-à-dire ramener les âmes à Christ notre Seigneur.

Mais, ceux qui ont l'esprit des pharisiens c'est-à-dire ceux qui sont possédés par le démon qui conduisait les pharisiens, **font des prosélytes.** Ils ne ramenent pas les ames a Christ mais bien a des doctrines diverses, aux enseignements contraires aux saintes ecritures, aux hommes, jamais a Christ. Ils entrainent des disciples apres eux. Cet esprit diabolique appele 'pharisien' est tres subtil comme l'etait ceux qui etaient identifies a lui a l'epoque du Seigneur.

Le Seigneur disait à ses disciples:

«ésus leur dit: <u>Gardez-vous avec soin du levain des pharisiens et des sadducéens.</u> Les disciples raisonnaient en eux-memes, et disaient: C'est parce que nous n'avons pas pris de pains.

Jésus, l'ayant connu, dit: Pourquoi raisonnez-vous en vous-mêmes, gens de peu de foi, sur ce que vous n'avez pas pris de pains?

Etes-vous encore sans intelligence, et ne vous rappelez-vous plus les cinq pains des cinq mille hommes et combien de paniers vous avez emportés, ni les sept pains des quatre mille hommes et combien de corbeilles vous avez emportées? Comment ne comprenez-vous pas que ce n'est pas au sujet de pains que je vous ai parlé? Gardez-vous du levain des pharisiens et des sadducéens.

<u>Alors ils comprirent que ce n'était pas du levain du pain qu'Il avait dit de se garder, mais de l'enseignement des pharisiens et des sadducéen</u>s. Matth. 16: 6-12.

Lorsque Paul avait reçu la grâce du Seigneur et que ses yeux furent ouverts, il fut totalement délivré de cet esprit mauvais de pharisiens, de cet esprit de fanatisme des hommes, de cet esprit de la recherche de l'approbation du sanhédrin et du souverain sacrificateur.

Il n'avait pas rejeté ni abandonné les écrits de Moïse. Non!

Par contre, il avait maintenant compris que ce n'était pas de Moïse dont il fallait parler et se référer mais plus qu'il fallait parler et se référer à Celui dont Moïse avait parlé.

Fini les ' **Moïse a dit, Moïse a dit...**' Maintenant, c'était:

« *J'ai reçu du Seigneur ce que je vous ai enseigné...*»

Maintenant, il pouvait comprendre ce que Moïse avait déclaré car maintenant il a le même Esprit qu'avait Moïse. La même colonne de Feu, qui avait apparu à Moïse, lui est aussi apparue.

C'est vraiment très bizarre!

Alors, lorsqu'il était avec les pharisiens (des disciples de Moïse), il était aimé par eux à cause de ' **Moïse a dit...**' et de l'espérance qu'ils plaçaient en Moïse à cause de ce que Dieu avait fait avec lui.

Et maintenant qu'il vient d'avoir la même expérience que Moïse avait eue, la colonne de Feu lui est apparue sur le chemin de Damas, au lieu de se réjouir et de l'aimer encore plus, non, il devient leur ennemi. Il devient l'ennemi de ceux qui prétendaient avoir Moïse comme leur absolu à cause de la colonne de Feu qui était avec lui dans le désert. Paul ayant eu la même expérience, ils cherchent maintenant à le tuer.

C'est là que nous pouvons voir clairement que c'était le diable camouflé dans la peau des prédicateurs se référant à Moïse pour garder le peuple de Dieu loin de la vérité, c'est-à-dire loin de Christ car Christ est la vérité et la vie. Ne voyez-vous pas la même chose se répétait encore dans notre génération? Les hommes meurent mais pas les esprits.

Voici juste quelques questions à se poser:

1. **De qui es-tu le disciple?**
2. **Qui t'as appele au ministeresi tu dis avoir un ministere?**
3. **Quel enseignement apportes-tu? De qui as-tu recu cet**

enseignement?

4. Quel est exactement ton ministere et ta commission?

5. Sur qui est basee ta foi?

6. Quel est ton ABSOLU?

7. Sur quoi est fondee ta foi?

8. De quel bapteme as-tu ete baptise?

9. As-tu recu le bapteme du Saint-Esprit?

Pour qui et pourquoi vis-tu aujourd'hui?

Puisse le Seigneur accorder la grâce à chacun d'avoir un cœur simple et de s'examiner en répondant sincèrement à ces questions pour lui-même, en comparant ses réponses avec les réponses de l'apôtre Paul à chacune de ces questions. Idem pour l'apôtre Jean, Pierre et Jacques.

La Bible dit: «*avez été édifiés sur le fondement des apôtres et des prophètes, Jésus-Christ lui-même étant la pierre angulaire.*»   Eph. 2: 20.

I. UN REGARD SUR LES EVENEMENTS ACTUELS A LA LUMIERE DE LA PAROLE DE DIEU.

Nous vivons dans un âge prophétique. C'est l'âge de Laodicée et nous avons par la grâce du Seigneur reçu la Parole prophétique à laquelle nous prêtons vraiment attention comme à une lampe qui brille dans un lieu obscur. C'est cette lampe qui brille dans ce temps des ténèbres qui nous permet de voir clair et de tenir jusqu'à la venue de l'époux.

La Bible dit: «*Ta Parole est une lampe à mes pieds et une lumière sur mon sentier*» Ps.119:105

Et aussi : «*La révélation de tes paroles éclaire, elle donne de l'intelligence aux simples.*> Ps. 119: 130.

L'accent est placé sur l'importance de la Parole de Dieu qui ne nécessite aucune interprétation particulière de qui que ce soit. Dieu n'a besoin de personne pour interpréter sa Parole car Lui-même est l'interprète de sa Parole puisqu'Il en est l'auteur. Ce que le Seigneur a demandé à ses serviteurs, c'est **de prêcher sa Parole** comme le confirme les Saintes Ecritures.

«*Puis Il leur dit: Allez partout le monde, et PRECHEZ la bonne nouvelle à toute la création ... Et ils s'en allèrent PRECHER partout.*» Marc 16: 15-20.

Il n'est pas dit: «**Et ils s'en allèrent interpréter partout.**»
Pierre, en tant que disciple du Seigneur et apôtre c'est-à-dire un homme envoyé de Dieu, il répète encore cette recommandation en disant dans la maison de Corneille, dans Actes 10 versets 42 à 43 ceci:

«Et Jésus nous a ordonné de prêcher au peuple et d'attester que c'est Lui qui a ete etabli par Dieu juge des vivants et des morts.» Tous les prophètes rendent de Lui le témoignage que quiconque croit en Lui reçoit par son Nom le pardon des péchés.»

Nous savons avec exactitude selon les Saintes Ecritures que nous sommes dans une période qu'on appelle ' **l'âge de Laodicée** '. C'est en effet le dernier âge, c'est dans cet âge que s'accomplira le retour du Seigneur et Sauveur Jésus-Christ. C'est aussi dans cet âge que Dieu va clôturer l'histoire avec les nations et se tourner vers Israël selon Actes 15: 13-18.

«Lorsqu'ils eurent cessé de parler, Jacques prit la parole, et dit: Hommes frères, écoutez-moi! Simon a raconté comment Dieu a d'abord jeté les regards sur les nations pour choisir du milieu d'elles un peuple qui portât son Nom. Et avec cela s'accordent les paroles des prophètes, selon qu'il est écrit:

Après cela, Je reviendrai, et Je relèverai de sa chute la tente de David, J'en réparerai les ruines, et Je la redresserai, afin que le reste des hommes cherche le Seigneur, ainsi que toutes les nations sur lesquelles mon Nom est invoque, dit le Seigneur, qui fait ces choses, et a qui elles sont connues de toute eternite.>

Le Seigneur avant de retourner vers Israël doit d'abord terminer son œuvre parmi les nations. Son œuvre s'achèvera parmi les nations avec l'enlèvement d'un peuple choisi du milieu des nations et qui porte son Nom.

C'est vraiment extraordinaire de voir combien la Parole de Dieu est précise et aussi claire: «*Un peuple qui portât son Nom*».

Pas un peuple qui porte des titres comme Père, Fils et Saint Esprit, mais bien '**qui porte son Nom** '.

C'est ce que l'apôtre Pierre a clairement exprimé le jour de Pentecôte.

«Pierre leur dit: Repentez-vous, et que chacun de <u>vous soit baptisé au Nom de Jésus-Christ</u>, pour le pardon de vos peches; et vous recevrez le don du Saint-Esprit. Car la promesse est pour vous, pour vos enfants, et pour tous ceux qui sont au loin, en aussi grand nombre que le Seigneur notre Dieu les appellera. Et, par plusieurs autres paroles, il les conjurait et les exhortait, disant: Sauvez-vous de cette generation perverse.>

On est identifié à celui avec qui on est uni. Il est alors question de l'époux et de l'épouse car l'épouse porte le nom de l'époux. Christ notre Seigneur viendra donc chercher son épouse c'est-à-dire ' *un peuple qui porte son Nom'*, l'épouse des nations qui est constituée de tout peuple, de toute langue et de toutes tribus.

Comme on peut le constater dans tous les pays, c'est lorsqu'une femme est liée à un homme que celle-ci porte alors **le nom de son époux.** Toute femme mariee porte le nom de son epoux, elle porte le nom de celui auquel elle appartient. C'est un signe d'honneur et aussi un temoignage solennel devant tous. Avant qu'elle ne se marie, elle portait le nom de son pere, signe d'appartenance a l'homme qui l'a mise au monde. Le fait de porter le nom de son mari l'identifie totalement a celui avec qui elle est liee.

C'est exactêment là aussi que l'on voit l'importance *du baptême AU NOM DU SEIGNEUR JESUS-CHRIST.* La femme qui est mariee porte le titre de **Madame.** C'est un titre que portent toutes les femmes mariees. Mais, chaque femme mariee doit s'identifier a son epoux. Comment s'identifie-t-elle? **Elle s'identifie par LE NOM DE SON MARI.**

L'épouse du Seigneur Jésus-Christ doit porter le Nom de son époux c'est-à-dire *Jésus-Christ.* Comme au travers des âges, le diable s'est acharné pour que le *Nom de Jésus-Christ* ne soit pas utilisé par les croyants. Il s'est donc introduit par le moyen du Concile de Nicée en 325 AD.

Pour imposer le titre de ' **Père, Fils et St-Esprit** ' comme formule pour le baptême, il a aussi supprimé **'l'immersion dans l'eau** '(ce qui est le sens meme du bapteme) pour le remplacer par **'l'aspersion** '. C'est comme cela qu'il a atteint son objectif, car il a **peur de ce Nom,** parce que celui qui porte ce Nom de Jesus est celui qui l'a vaincu a la croix.

C'est au *Nom du Seigneur Jésus-Christ* que les demons sont chasses. Il connait la puissance qui reside dans ce **merveilleux Nom de Jésus.** Il a tout fait pour que les croyants utilisent plutôt la formule ' **Père, Fils et St-Esprit** '. C'est en effet, ce que toutes les denominations ont adopte au lieu du **Nom de Jésus-Christ.** Ils utilisent ' **les titres Père, Fils et St-Esprit'.**

Cela a été ainsi jusqu'à l'époque **de la restauration des dons avec l'effusion du St Esprit** au travers du ministere de cet homme de Dieu **William J. Seymour** de Louisiane aux USA.

Le ministère de William J. Seymour a secoué le monde entier. C'était le réveil qui préparait un autre réveil qui allait aussi balayer le monde entier. C'est **la restauration de la Parole de Dieu** au travers du ministère de cet homme de Dieu **William M. Branham** de Kentucky aux USA. Ce ministère de la restauration devait prendre place dans une période bien particulière. C'est dans l'âge de Laodicée, le dernier âge de L'Eglise.

Pourquoi la restauration dans le dernier âge et pourquoi pas dans le premier âge (âge d'Ephèse)?

Parce que **Restaurer** veut dire: RAMENER QUELQUE CHOSE **DANS SA CONDITION ORIGINALE.**

Dans le premier âge, c'est-à-dire l'âge d'Ephèse, la Parole de Dieu avait la prééminence. Les croyants persévéraient dans l'enseignement des apôtres et ils connaissaient l'importance du Nom de Jésus-Christ. Ils étaient tous baptisés au Nom du Seigneur Jésus-Christ, la Parole de Dieu était leur absolu. Les apôtres du Seigneur vivaient encore comme le témoigne ces écritures.

«Après avoir entendu ce discours, ils eurent le cœur vivement touché, et ils dirent à Pierre et aux autres apôtres: Hommes frères, que ferons-nous? Pierre leur dit: <u>Repentez-vous, et que chacun de vous soit baptisé au Nom de Jésus-Christ, pour le pardon de vos péchés; et vous recevrez le don du Saint-Esprit.</u> Car la promesse est pour vous, pour vos enfants, et pour tous ceux qui sont au loin, en aussi grand nombre que le Seigneur notre Dieu les appellera. Et, par plusieurs autres paroles, il les conjurait et les exhortait, disant: Sauvez-vous de cette generation perverse. Ceux qui accepterent sa Parole furent baptises; et, en ce jour-la, le nombre des disciples s'augmenta d'environ trois mille ames. <u>Ils persévéraient dans l'enseignement des apôtres, dans la communion fraternelle, dans la fraction du pain, et dans les prières.</u> La crainte s'emparait de chacun, et il se faisait beaucoup de prodiges et de miracles par les apotres.» Actes 2: 37-43.

«Écris à l'ange de l'Église d'Éphèse: Voici ce que dit celui qui tient les sept étoiles dans sa main droite, celui qui marche au milieu des sept chandeliers d'or:

Je connais tes œuvres, ton travail, et ta persévérance. Je sais que tu ne peux supporter les méchants; que tu as éprouvé ceux qui se disent apôtres et qui ne le sont pas, et que tu les as trouvés menteurs;que tu as de la persévérance, que tu as souffert à cause de mon Nom, et que tu ne t'es point lassé.» Apoc. 2: 1-3.

«Le lendemain, les chefs du peuple, les anciens et les scribes, s'assemblèrent à Jérusalem, avec Anne, le souverain sacrificateur, Caïphe, Jean, Alexandre, et tous ceux qui étaient de la race des principaux sacrificateurs. Ils firent placer au milieu d'eux Pierre et Jean, et leur demandèrent: Par quel pouvoir, ou au nom de qui avez-vous fait cela?

Alors Pierre, rempli du Saint-Esprit, leur dit: Chefs du peuple, et anciens d'Israël, puisque nous sommes interrogés aujourd'hui sur un bienfait accordé à un homme malade, afin que nous disions comment il a été guéri, sachez-le tous, et que tout le peuple d'Israël le sache! C'est par le Nom de Jésus-Christ de Nazareth, que vous avez crucifie, et que Dieu a ressuscite des morts, c'est par Lui que cet homme se presente en pleine sante devant vous. Jesus est la pierre rejetee par vous qui batissez, et qui est devenue la principale de l'angle. Il n'y a de salut en aucun autre; car il n'y a sous le ciel aucun autre nom qui ait été donné parmi les hommes, par lequel nous devions être sauvés.

Lorsqu'ils virent l'assurance de Pierre et de Jean, ils furent étonnés, sachant que c'étaient des hommes du peuple sans instruction; et ils les reconnurent pour avoir été avec Jésus. Mais comme ils voyaient là près d'eux l'homme qui avait été guéri, ils n'avaient rien à répliquer. Ils leur ordonnèrent de sortir du sanhédrin, et ils délibérèrent entre eux, disant: Que ferons-nous à ces hommes? Car il est manifeste pour tous les habitants de Jérusalem qu'un miracle signalé a été accompli par eux, et nous ne pouvons pas le nier. Mais, afin que la chose ne se répande pas davantage parmi le peuple, défendons-leur avec menaces de parler désormais à qui que ce soit en ce nom-là.> Actes 4: 5-17.

C'est au Concile de Nicée en 325 AD que le faux nom et le faux baptême ont été adoptés et de là la fausse doctrine de la trinité qui a balayé le monde jusqu'à ce jour. Ce n'était plus ce qui était dans l'église primitive qui était enseigné, mais plutôt des dogmes et des crédos avec interdiction de lire la Bible, d'où les missels etc…

C'est l'empereur romain Constantin 1er qui convoqua le concile de Nicee (Nicee - actuelle Turquie). Il venait en effet de reunir l'Empire romain apres avoir vaincu Licinius a la bataille d'Andrinople le 3 Juillet 324. Il rassembla entre 270 a plus de 300 eveques de l'Empire romain du 20 mai au 25 juillet 325. Le resultat de ce Concile fut l'adoption d'une confession de foi qui sera imposee a tous.

Ce qui doit ressortir ici, c'est la manière dont le changement dans la foi a eu lieu. Il ressort clairement que c'est lors de l'**EMPIRE ROMAIN.** Il fallait que ca soit un **Empire** pour que les décisions prises soient obligatoires pour tous les sujets de l'Empire. **L'empereur,** comme c'est une autocratie, détient tous les pouvoirs et aussi l'armée pour imposer ce qui est décidé.

C'est de l'Empire romain dont il s'agit ici. Les Saintes Ecritures dans le livre de Daniel avaient déjà annoncé l'apparition successive des Empires sur la terre, à commencer par **l'Empire Babylonien** avec le roi Nebucadnetsar. Par la bouche de Daniel, Dieu avait montré au roi Nebucadnestar ce qui allait arriver.

«O roi, tu regardais, et tu voyais une grande statue; cette statue était immense, et d'une splendeur extraordinaire; elle était debout devant toi, et son aspect était terrible. La tête de cette statue était d'or pur; sa poitrine et ses bras étaient d'argent; son ventre et ses cuisses étaient d'airain; ses jambes, de fer; ses pieds, en partie de fer et en partie d'argile. Tu regardais, lorsqu'une pierre se détacha sans le secours d'aucune main, frappa les pieds de fer et d'argile de la statue, et les mit en pièces. Alors le fer, l'argile, l'airain, l'argent et l'or, furent brisés ensemble, et devinrent comme la balle qui s'échappe d'une aire en été; le vent les emporta, et nulle trace n'en fut retrouvée. Mais la pierre qui avait frappé la statue devint une grande montagne, et remplit toute la terre.

Voilà le songe. Nous en donnerons l'explication devant le roi.

O roi, tu es le roi des rois, car le Dieu des cieux t'a donné l'empire, la puissance, la force et la gloire; il a remis entre tes mains, en quelque lieu qu'ils habitent, les enfants des hommes, les bêtes des champs et les oiseaux du ciel, et Il t'a fait dominer sur eux tous: c'est toi qui es la tête d'or.

Après toi, il s'élèvera un autre royaume, moindre que le tien; puis un troisième royaume, qui sera d'airain, et qui dominera sur toute la terre.

Il y aura un quatrième royaume, fort comme du fer; de même que le fer brise et rompt tout, il brisera et rompra tout, comme le fer qui met tout en pièces. Et comme tu as vu les pieds et les orteils en partie d'argile de potier et en partie de fer, ce royaume sera divisé; mais il y aura en lui quelque chose de la force du fer, parce que tu as vu le fer mêlé avec l'argile.Et comme les doigts des pieds étaient en partie de fer et en partie d'argile, ce royaume sera en partie fort et en partie fragile. Tu as vu le fer mêlé avec l'argile, parce qu'ils se mêleront par des alliances humaines; mais ils ne seront point unis l'un à l'autre, de même que le fer ne s'allie point avec l'argile. Dans le temps de ces rois, le Dieu des cieux suscitera un royaume qui ne sera jamais détruit, et qui ne passera point sous la domination d'un autre peuple; il brisera et aneantira tous ces royaumes-la, et lui-meme subsistera eternellement. C'est ce qu'indique la pierre que tu as vue se detacher de la montagne sans le secours d'aucune main, et qui a brise le fer, l'airain, l'argile, l'argent et l'or. Le grand Dieu a fait connaitre au roi ce qui doit arriver apres cela. Le songe est veritable, et son explication est certaine.> Dan. 2: 31-45.

Le Seigneur montra sous forme de statue les différentes phases que traverseront les nations avant l'avènement de son royaume. Il s'agit des **quatre empires** qui sont decrits avec detail dans le livre de Daniel au chapitre 7 du verset 1a 8:

«première année de Belschatsar, roi de Babylone, Daniel eut un songe et des visions de à son esprit, pendant qu'il etait sur sa couche. Ensuite il ecrivit le songe, et raconta les principales choses. Daniel commenca et dit: Je regardais pendant ma vision nocturne, et voici, les quatre vents des cieux firent irruption sur la grande mer. <u>Et quatre grands animaux sortirent de la mer, différents l'uns de l'autre.</u>

<u>Le premier était semblable à un lion,</u> et avait des ailes d'aigles; je regardai, jusqu'au moment ou ses ailes furent arrachees; il fut enleve de terre et mis debout sur ses pieds comme un homme, et un cœur d'homme lui fut donne.

Et voici, <u>un second animal était semblable à un ours,</u> et se tenait sur un cote; il avait trois cotes dans la gueule entre les dents, et on lui disait: Leve-toi, mange beaucoup de chair.

Après cela je regardai, et voici, <u>un autre était semblable à un léopard,</u> et avait sur le dos quatre ailes comme un oiseau; cet animal avait quatre tetes, et la domination lui fut donnee.

Après cela, je regardai pendant mes visions nocturnes, <u>et voici, il y avait un quatrième animal, terrible, épouvantable et extraordinairement fort; il avait de grandes dents de fer, il mangeait, brisait, et il foulait aux pieds ce qui restait; il était différent de tous les animaux précédents, et il avait dix cornes.</u>

Je considérai les cornes, et voici, une autre petite corne sortit du milieu d'elles, et trois des premières cornes furent arrachées devant cette corne; et voici, elle avait des yeux comme des yeux d'homme, et une bouche, qui parlait avec arrogance.»

Ces quatre grands animaux que Daniel a vus sortant de la mer, il était plus effrayé par le **quatrième qui était terrible:**

«Moi, Daniel, j'eus l'esprit troublé au dedans de moi, et les visions de ma tête m'effrayèrent. Je m'approchai de l'un de ceux qui étaient là, et je lui demandai ce qu'il y avait de vrai dans toutes ces choses. Il me le dit, et m'en donna l'explication: Ces quatre grands animaux, ce sont quatre rois qui s'élèveront de la terre; mais les saints du Très Haut recevront le royaume, et ils posséderont le royaume éternellement, d'éternité en éternité.

<u>Ensuite je desirai savoir la verite sur le quatrieme animal, qui etait different de tous les autres, extremement terrible, qui avait des dents de fer et des ongles d'airain, qui mangeait, brisait, et foulait aux pieds ce qu'il restait;</u> et sur les dix cornes qu'il avait a la tete, et sur l'autre qui etait sortie et devant laquelle trois etaient tombees,

sur cette corne qui avait des yeux, une bouche parlant avec arrogance, et une plus grande apparence que les autres.

Je vis cette corne faire la guerre aux saints, et l'emporter sur eux, jusqu'au moment où l'ancien des jours vint donner droit aux saints du Très-Haut, et le temps arriva où les saints furent en possession du royaume.

Il me parla ainsi: Le quatrième animal, c'est un quatrième royaume qui existera sur la terre, différent de tous les royaumes, et qui dévorera toute la terre, la foulera et la brisera. Les dix cornes, ce sont dix rois qui s'élèveront de ce royaume. Un autre s'élèvera après eux, il sera différent des premiers, et il abaissera trois rois. Il prononcera des paroles contre le Très-Haut, il opprimera les saints du Très-Haut, et il espérera changer les temps et la loi; et les saints seront livrés entre ses mains pendant un temps, des temps, et la moitié d'un temps.

Puis viendra le jugement, et on lui ôtera sa domination, qui sera détruite et anéantie pour jamais. Le règne, la domination, et la grandeur de tous les royaumes qui sont sous les cieux, seront donnés au peuple des saints du Très-Haut. Son règne est un règne éternel, et tous les dominateurs Le serviront et Lui obéiront.» Dan. 7: 15-27.

Les grands animaux ici représentent ' **les empires** ', ils sont **quatre,** donc on a à faire avec **QUATRE EMPIRES:**

1. **Empire babylonien**
2. **Empire des Medes et des Perses**
3. **Empire grec**
4. **Empire romain**

C'est donc ce dernier grand animal qui avait fortement impressionné le prophète Daniel et il désirait connaître ce qu'il signifiait. L'ange lui en donna l'explication, la voici:

«Il me parla ainsi: Le quatrième animal, c'est un quatrième royaume qui existera sur la terre, différent de tous les royaumes, et qui dévorera toute la terre, la foulera et la brisera.»

Nous y voilà, il s'agit d'un quatrième royaume qui existera sur la terre; ce royaume **existera sur la terre.** Or, nous savons tous, selon l'histoire, qu'apres l'Empire grec avec Alexandre le Grand, c'est l'Empire romain et ensuite, cet Empire fut donc demantele. Mais lorsque Daniel eut la vision, il ne vit pas **Cinq grands animaux, mais bien quatre grands animaux.**

Qu'en est-il alors? Puisque l'Empire romain avec ses empereurs avaient été démantelés. Alors, de quel grand animal s'agit-il encore? La réponse est dans la Bible, dans le livre d'apocalypse:

«Puis un des sept anges qui tenaient les sept coupes vint, et il m'adressa la parole, en disant : Viens, je te montrerai le jugement de

la grande prostituée qui est assise sur les grandes eaux. C'est avec elle que les rois de la terre se sont livrés à l'impudicité, et c'est du vin de son impudicité que les habitants de la terre se sont enivrés. Il me transporta en esprit dans un désert. Et je vis une femme assise sur une bête écarlate, pleine de noms de blasphème, ayant sept têtes et dix cornes. Cette femme était vêtue de pourpre et d'écarlate, et parée d'or, de pierres précieuses et de perles. Elle tenait dans sa main une coupe d'or, remplie d'abominations et des impuretés de sa prostitution. Sur son front était écrit un nom, un mystère: Babylone la grande, la mère des impudiques et des abominations de la terre. Et je vis cette femme ivre du sang des saints et du sang des témoins de Jésus. Et, en la voyant, je fus saisi d'un grand étonnement. Et l'ange me dit: Pourquoi t'étonnes-tu? Je te dirai le mystère de la femme et de la bête qui la porte, qui a les sept têtes et les dix cornes. La bête que tu as vue était, et elle n'est plus. Elle doit monter de l'abîme, et aller à la perdition. Et les habitants de la terre, ceux dont le nom n'a pas été écrit dès la fondation du monde dans le livre de vie, s'étonneront en voyant la bête, parce qu'elle était, et qu'elle n'est plus, et qu'elle reparaîtra.» Apo. 17: 1-8.

II. COMPARONS DANIEL 7 ET APOCALYPSE 17

Dans Daniel, le terme utilisé pour exprimer «Royaume ou Empire» est ' **grand animal** ' et dans Apocalypse le terme utilise est <**Bête»**.

Dans Daniel, nous lisons:

«Après cela, je regardai pendant mes visions nocturnes, _et voici, il y avait un quatrième animal, terrible, épouvantable et extraordinairement fort; il avait de grandes dents de fer, il mangeait, brisait, et il foulait aux pieds ce qui restait; il était différent de tous les animaux précédents, et il avait dix cornes._»

Dans Apocalypse, nous lisons:

«_Il me transporta en esprit dans un désert. Et je vis une femme assise sur une bête ecarlate, pleine de noms de blaspheme, ayant sept tetes et dix cornes._»

Dans Daniel, nous lisons:

«_Les dix cornes, ce sont dix rois qui s'élèveront de ce royaume._»
Dans Apocalypse, nous lisons:

«_Les dix cornes que tu as vues sont dix rois, qui n'ont pas encore reçu de royaume, mais qui reçoivent autorité comme rois pendant une heure avec la bête._» Apoc.17:12

Conclusion:

**LE QUATRIEME GRAND ANIMAL DANS DANIEL
EST LA BETE DANS APOCALYPSE**

C'EST LE MEME EMPIRE, L'EMPIRE ROMAIN.

Voilà pourquoi l'ange a dit:

«La bête que tu as vue était, et elle n'est plus. Elle doit monter de l'abîme, et aller à la perdition. Et les habitants de la terre, ceux dont le nom n'a pas été écrit dès la fondation du monde dans le livre de vie, s'étonneront en voyant la bête, parce qu'elle était, et qu'elle n'est plus, et qu'elle reparaîtra.» Apo. 17: 8.

La Bête était: L'Empire romain apres l'Empire grec.

Elle n'est plus: La dislocation de l'Empire romain, elle n'a plus existe.

Et qu'elle reparaîtra: L'Empire romain va reparaitre, ce sera le dernier Empire qui existera sur la terre.

En effet, cet Empire romain est déjà là. **C'EST L'UNION EUROPEENNE, C'EST L'EMPIRE ROMAIN DANS SA FORME**

ACTUELLE AVEC ABOLITION DES FRONTIERES AU SEIN DE L'UNION.

Les frontières au sein de l'union sont donc abolies. Il n'y a donc plus des frontières intérieures, c'est la libre circulation. Tandis qu'à l'extérieur de l'union, les frontières existent, l'Union Européenne devient ainsi **une forteresse**. L'acces a l'interieur est devenu tres difficile, ils ont tous **une monnaie unique, l'euro.** C'est exactement ce qui s'est passé avec l'Empire romain antique. L'Empire romain antique était aussi **une forteresse**, tres bien organise et avec des infrastructures routiers en son sein, comme il en est aussi aujourd'hui.

Car l'histoire se répète. Posons-nous alors cette question.

Comment une forteresse comme l'Empire romain antique a-t-elle pu disparaître?

Voilà en effet ce que l'histoire nous apprend:

«période impériale fut aussi un temps de développement des échanges économiques, facilité par la construction d'un importantréseau routiera existé parfois jusqu'à l'époque moderne. L'Empire fut fondé parAuguste, qui mit fin a ladernière guerre civile, dans la toute fin de laRépublique romaine. Contrairement au regime republicain, qui etaitoligarchique, l'Empire fut

une_autocratie_, tout en conservant durant le _principat_apparences républicaines: le pouvoir politique était principalement détenu par un seul homme, l'_empereur_, qui s'appuya sur une bureaucratie sans cesse plus developpee, sur une_administration territoriale_ importante et sur un puissant_appareil militaire_. De la fondation par Auguste jusqu'a la deposition de son dernier empereur, _Romulus Augustule_, l'Empire eut une histoire interieure et exterieure complexe, caracterisee, au depart, par une certaine stabilite politique — periode du _principat_—, puis, à partir du _IIIeècle_, par une instabilite de plus en plus importante — _crise du eècle_ et_dominat_. Les coups d'Etat et les guerres civiles se multiplierent, tandis que l'Empire avait a affronter de plus en plus d'ennemis a ses frontieres.

En effet, à partir de la fin du_IIesiècle_, Rome est confrontee a ce que l'historiographie ulterieure a appele les_invasions barbares_. Il s'agissait, en realite, de mouvements de populations de tres grande ampleur, realises sur de longues durees. Les peuples dits <>, en se deplacant vers l'ouest, finirent par se heurter a la frontiere romaine, militairement gardee, et, pousses par d'autres peuples plus a l'est, tenterent de la percer. Si l'Empire parvint, dans un premier temps, a repousser les envahisseurs, la_crise du IIIeècle_les frontières céder une première fois. En réaction aux périls extérieurs, le pouvoir romain, à partir de la_tétrarchie_, chercha a se renforcer: les centres de decision politique et militaire furent multiplies, l'administration developpee et militarisee, et la taille de l'armee augmentee. Le_IVeècle_l'époque des guerres civiles entre les successeurs des tétrarques, et il fut dominé par la personnalité deConstantin<u>er</u>, qui renova profondement l'Etat romain, en lui donnant ses caracteristiques definitives.

À cette époque, le pouvoir était devenu un régime absolu, avec une cour et un protocole de type oriental. La fin de la proscription du<u>christianisme</u>, sous Constantin, puis son etablissement comme religion d'Etat par<u>Théodose^{er}</u> est le fait le plus marquant de la civilisation romaine, dans cette periode que l'on appelle l'<u>Antiquité tardive</u>. Appuyee sur l'appareil administratif romain, extrêmement développé, l'Église acquit une place prépondérante dans tous les territoires romains, avant d'être chassée, par la<u>conquête musulmane</u>, d'une partie de ceux-ci.

Après la division de l'Empire en deux entités — l'<u>Empire romain d'Orient</u>(*pars orientalis*) et l'<u>Empire romain d'Occident</u>(*pars occidentalis*), la partie occidentale est marquee, a partir du<u>V^eècle</u>, par un delitement continu de l'autorite politique au profit des<u>royaumes germaniques</u>: la puissance militaire s'effondre, l'économie est exsangue, et la domination territoriale se réduit, jusqu'à ne pas dépasser l'<u>Italie</u>. L'Empire s'est effondre d'une maniere progressive, et la deposition, par<u>Odoacre</u>, du dernier empereur<u>Romulus Augustule</u>, est finalement un evenement mineur, de portee seulement symbolique.

Éteint en Occident en<u>476</u>, l'Empire romain persista en Orient, autour de sa capitale,<u>Constantinople</u>. Le nouvel Etat mela, comme l'ancien Empire, des elements de civilisation grecs et latins, mais la part grecque est devenue preponderante. Dans la seconde moitie du XIXe èècle, l'appellation <> (qui date du XVIe siècle, mais etait peu connue) se generalise pour l'Empire romain d'Orient, mais en fait, il n'existe pas de fondation ni de debut de l'Empire byzantin, qui n'est que la periode medievale et finale de l'Empire romain, prenant fin en 1453[2]»

Nous apprenons avec frayeur que ce sont les barbares lorsqu'ils se sont introduits dans la forteresse qui petit à petit l'ont affaibli.

Quelle stupéfaction d'apprendre aussi que **c'est** la conquête musulmane qui a eu à jouer un rôle dans cet affaiblissement de cet Empire!

Que disent les Saintes Ecritures en rapport avec l'Empire romain actuel?

Nous lisons ceci:

«les yeux parmi les nations, regardez, et soyez saisis d'étonnement, d'épouvante! Car Je vais faire en vos jours une œuvre, que vous ne croiriez pas si on la racontait. Voici, Je vais susciter les Chaldéens, peuple furibond et impétueux, qui traverse de vastes étendues de pays, pour s'emparer de demeures qui ne sont pas à lui. Il est terrible et formidable; de lui seul viennent son droit et sa grandeur. Ses chevaux sont plus rapides que les léopards, plus agiles que les

loups du soir, et ses cavaliers s'avancent avec orgueil; ses cavaliers arrivent de loin, ils volent comme l'aigle qui fond sur sa proie. Tout ce peuple vient pour se livrer au pillage; ses regards avides se portent en avant, et il assemble des prisonniers comme du sable. Il se moque des rois, et les princes font l'objet de ses railleries; il se rit de toutes les forteresses, il amoncelle de la terre, et il les prend. Alors son ardeur redouble, il poursuit sa marche, et il se rend coupable. Sa force à lui, voilà son dieu!» Hab. 1: 5-11.

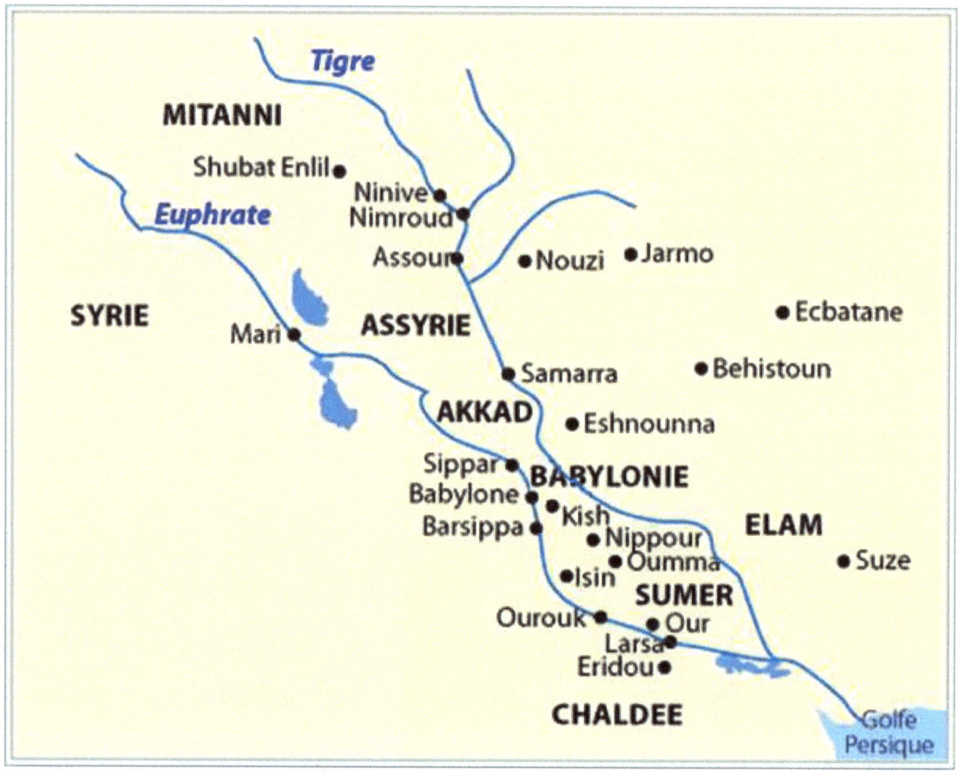

Ce que nous savons des Chaldéens, ce qu'ils ne se soumettent qu'à leurs lois. Ce sont les peuples vivant en Mésopotamie.

Voici une carte de la Mésopotamie :

De la SYRIE

De l'IRAK

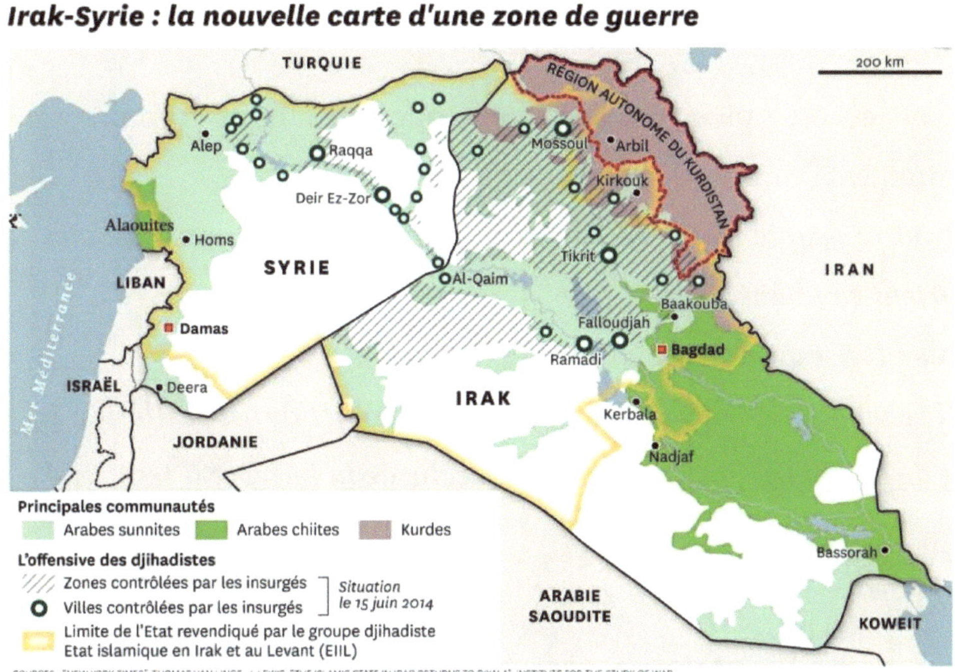

Nous retrouvons la Babylonie, l'Irak actuel et aussi la Syrie.

D'après vous, aujourd'hui selon les médias, «**le flux migratoire**», cette masse migratoire, provient d'où?

Nous comprenons très clairement selon les prophéties bibliques de Habakuk que certainement ce que nous voyons, c'est l'accomplissement de la prophétie biblique et ce peuple qui vient et qui force la forteresse de l'Europe, est un peuple qui a sa culture et se moque effectivement de ce qui n'est pas sa culture comme l'Ecriture le décrit:

«Voici, Je vais susciter les Chaldéens, peuple furibond et impétueux, qui traverse de vastes étendues de pays, pour s'emparer de demeures qui ne sont pas à lui.⁷Il est terrible et formidable; de lui seul viennent son droit et sa grandeur».

Voici encore plus de lumière pour que nous comprenions clairement ce qui va se passer.

«Tout ce peuple vient pour se livrer au pillage; ses regards avides se portent en avant...»

Plus précisément, il est encore dit:

«Il se moque des rois, et les princes font l'objet de ses railleries; <u>il se rit de toutes les forteresses</u>, il amoncelle de la terre, et il les prend.»

La forteresse de l'**Empire romain actuel** n'a pas pu resister. Ils sont entres **sans visas**, ils ont oblige **l'Union Européenne** à prendre des dispositions pour les recevoir sans visas, sans lettre d'invitation. **Ils ont forcé la forteresse et ils sont entrés.**

Et la Bible dit: «*Il est terrible et formidable; de lui seul viennent son droit et sa grandeur*» Ils se sont imposes.

Comment l'**Empire romain antique** avait-il disparu?

«**En effet, à partir de la fin duIIe, Rome est confrontee a ce que l'historiographie ulterieure a appele les<u>invasions barbares</u>.**

Il s'agissait, en réalité, de mouvements de populations de très grande ampleur, réalisés sur de longues durées. Les peuples dits, en se déplaçant vers l'ouest, finirent par se heurter à la frontière romaine, militairement gardée, et, poussés par d'autres peuples plus à l'est, tentèrent de la percer».

En effet l'histoire se répète. Il est parlé aussi d'un élément qui a aussi contribué à sa disparition qui est «**la conquête musulmane**».

Nous savons tous ce qui s'est passé en France le 13 Novembre 2015. Cet attentat meurtrier qui a couté la vie à plusieurs personnes et revendiqué par DAECH. Je vous demande de bien écouter les termes utilisés pour la revendication de ces attentats.

Ce qui est extraordinaire avec notre Seigneur est ceci:

Au mois de septembre 2015, le dimanche 27 septembre 2015, le Seigneur m'avait conduit à prendre le livre d'Habakuk en rapport avec les événements actuels. Le titre de cette prédication était: «que dis-tu de la nuit.»

Vous pouvez l'écouter sur notre site: www.intmissioncenter.org ou sur notre plateforme YouTube IMC Leonard LIFESE. C'est la que j'avais parle des forteresses. Cette predication a ete prechee avant les evenements de novembre 2015 a Paris. Et lorsqu'il y a eu les attentats du 13 novembre 2015 a Paris, quelle ne fut notre joie de realiser que vraiment le Seigneur nous avait reellement parle en plaçant les choses clairement devant nous. Voici le texte integral de la revendication des attentats du 13 novembre 2015 comme publie a la television:

«nom d'Allah, le tout miséricordieux, le très miséricordieux. Allah le très haut a dit: Ils pensaient qu'en vérité leurs forteresses les défendraient contre Allah. Mais Allah est venu à eux par où ils ne s'attendaient point, et a lancé la terreur dans leurs cœurs. Ils démolissaient leurs maisons de leurs propres mains, autant que des mains des croyants. Tirez-en une leçon, ô vous qui êtes doués de clairvoyances. Soûrat 59 verset 2.»

Le Seigneur continue à éclairer son peuple.

Malgré que l'histoire se répète, les Saintes Ecritures nous donnent encore des indications plus précises et plus claires encore pour notre temps.

Les nations et surtout aujourd'hui l'Europe sont sous la peur de la domination de la religion musulmane c'est-à-dire de l'Islam. Et cela apporte un climat d'insécurité et vu la population musulmane croissante en Europe, l'inquiétude de la domination islamique grandit de plus en plus et la peur s'installe.

Selon les Saintes Ecritures, l'Islam ne va pas dominer l'Empire romain actuel comme ce fut le cas, car selon toujours la même Parole de Dieu, **cet Empire romain actuel** est le dernier **Empire** pour les nations qui sera detruit selon la prophetie de Daniel:

«Dans le temps de ces rois, le Dieu des cieux suscitera un royaume qui ne sera jamais détruit, et qui ne passera point sous la domination d'un autre peuple; il brisera et anéantira tous ces royaumes-là, et lui-même subsistera éternellement. <u>C'est ce qu'indique la pierre que tu as vue se détacher de la montagne sans le secours d'aucune main, et qui a brisé le fer, l'airain, l'argile, l'argent et l'or.</u> Le grand Dieu a fait connaitre au roi ce qui doit arriver apres cela. Le songe est veritable, et son explication est certaine.» Dan. 2: 44-45.

L'Empire romain actuel sera **différent de tous les royaumes. Il dévorera toute la terre, la foulera et la brisera.** C'est l'Union Européenne qui va imposer ses lois.

DAECH sera combattu et affaibli car l'Union Européenne possède une puissance de frappe. **Elle est actuellement la première puissance mondiale.** Elle est puissante plus que tous les autres

Empires parce qu'en elle se retrouve tout ce qui a ete dans les autres **Empires**, a la fois ce qui a ete dans **l'Empire babylonien, dans l'Empire Médo Perse, et dans l'Empire grec.**

C'est pourquoi on le voit dans Apocalypse ainsi:

«je vis monter de la mer une bête qui avait dix cornes et sept têtes, et sur ses cornes dix diadèmes, et sur ses têtes des noms de blasphème. La bête que je vis était semblable à un léopard; ses pieds étaient comme ceux d'un ours, et sa gueule comme une gueule de lion. Le dragon lui donna sa puissance, et son trône, et une grande autorité. Et je vis l'une de ses têtes comme blessée à mort; mais sa blessure mortelle fut guérie. Et toute la terre était dans l'admiration derrière la bête. Et ils adorèrent le dragon, parce qu'il avait donné l'autorité à la bête; ils adorèrent la bête, en disant: Qui est semblable à la bête, et qui peut combattre contre elle?

Et il lui fut donné une bouche qui proférait des paroles arrogantes et des blasphèmes; et il lui fut donné le pouvoir d'agir pendant quarante-deux mois. Et elle ouvrit sa bouche pour proférer des blasphèmes contre Dieu, pour blasphémer son nom, et son tabernacle, et ceux qui habitent dans le ciel.

Et il lui fut donné de faire la guerre aux saints, et de les vaincre. Et il lui fut donné autorité sur toute tribu, tout peuple, toute langue, et toute nation.» Apoc. 13: 1-7.

Le monde n'a pas à avoir peur de l'Islam ou des terroristes mais plutôt de **la bête qui est l'Empire romain actuel.** Le temps de la conquête de l'Islam est deja passe.

La religion qui va dominer le monde c'est ' cette femme qui chevauche la bête '.

«Puis un des sept anges qui tenaient les sept coupes vint, et il m'adressa la parole, en disant: Viens, je te montrerai le jugement de la grande prostituée qui est assise sur les grandes eaux. C'est avec elle que les rois de la terre se sont livrés à l'impudicité, et c'est du vin de son impudicité que les habitants de la terre se sont enivrés.

Il me transporta en esprit dans un désert. Et je vis une femme assise sur une bête écarlate, pleine de noms de blasphème, ayant sept têtes et dix cornes. Cette femme était vêtue de pourpre et d'écarlate, et parée d'or, de pierres précieuses et de perles. Elle tenait dans sa main une coupe d'or, remplie d'abominations et des impuretés de sa prostitution. Sur son front était écrit un nom, un mystère: Babylone la grande, la mère des impudiques et des abominations de la terre.
Et je vis cette femme ivre du sang des saints et du sang des témoins de Jésus. Et, en la voyant, je fus saisi d'un grand étonnement.>
Apoc. 17: 1-7.

En effet selon les Saintes Ecritures, nous savons exactement ce que signifie **la Bête.** C'est l'**Empire romain actuel.** Mais, la femme qui est assise sur **la Bête,** c'est qui exactement?

Les Saintes Ecritures nous répondent: «**C'est ici l'intelligence qui a de la sagesse. Les sept têtes sont sept montagnes, sur lesquelles la femme est assise.**> Apoc. 17: 9.

Selon les Saintes Ecritures, **la femme représente l'église.** Il s'agit effectivement d'une église qui est puissante et c'est elle qui est assise sur la Bête. Et l'indication nous est donnée pour que nous sachions la reconnaître sans se tromper, **les 7 montagnes.**

«collines de Rome(en latin:*Septem montes***) designent traditionnellement les principales collines sur lesquelles s'etend la ville deRome antiquela rive gauche duTibre, comprises dans**

lemur ServienVIᵉècle..-C., reconstruit auIVᵉècle..-C.colline est l'objet de festivités lors de la fête du*Septimontium*.> Wikipedia

Il y a à Rome, une cité appelée: La cité du Vatican. C'est bien le siège d'une église appelée **Église catholique**, c'est-a-dire universelle. C'est bien de **l'église catholique dont il s'agit.** C'est l'église catholique qui s'imposera dans le monde et non l'islam.

Voici devant le Conseil Européen à Bruxelles la statue qui a été choisie comme symbole.

Voici la pièce de la monnaie unique européenne, l'**euro.**

Personne ne dira le contraire, la religion européenne, c'est bien **le Christianisme.** Quelle est cette eglise en Europe et sur la terre qui se reclame, la vraie eglise chretienne?

N'est-ce pas l'Eglise catholique de Rome dont le siège est Vatican et dont le Pape se désigne comme le successeur de l'apôtre Pierre et dont la fondation est bâtie (comme ils le disent) sur le tombeau de Pierre l'apôtre? D'ailleurs les armoiries du Vatican sont les clés; l'église catholique se dit détenir ' les clés du royaume '.

Les jours des nations sont comptés, le Seigneur est entrain de clôturer l'histoire des nations.

QUE VA-T-IL SE PASSER ALORS?

Il se passera certainement ce que le Seigneur avait dit: «*Lorsqu'ils eurent cessé de parler, Jacques prit la parole, et dit: Hommes frères, écoutez-moi! Simon a raconté comment Dieu a d'abord jeté les regards sur les nations pour choisir du milieu d'elles un peuple qui portât son Nom. Et avec cela s'accordent les paroles des prophètes, selon qu'il est écrit:*

<u>Après cela, Je reviendrai, et Je relèverai de sa chute la tente de David, J'en reparerai les ruines, et Je la redresserai,</u> afin que le reste des hommes cherche le Seigneur, ainsi que toutes les nations sur lesquelles mon Nom est invoque, dit le Seigneur, qui fait ces choses, et a qui elles sont connues de toute eternite.» Actes 15: 13-18.

Les jours des nations se terminent avec l'enlèvement de l'Eglise, épouse de Jésus-Christ.

Dieu alors se tournera vers Israël.

Il y a eu ces derniers temps des événements très bouleversants qui ont ému le monde entier en cette année 2015 en France.

Nous citons:

1. L'attentat de Charlie Hebdo à Paris

Attentats de janvier 2015 en France

Journalistes,secouristesetpolicierslarue Nicolas-Appertheures après l'attentat contre*Charlie Hebdo*.

Localisation   Île-de-France: Paris^e20^e Fontenay-aux-Roses
Montrouge Dammartin-en-Goële

Cible   Collaborateurs de*Charlie Hebdo*
Personnes de confessionjuive
Policiers

Date   <u>7,8 et 9 janvier 2015(UTC+1)</u>

Type   <u>**Fusillades, prises d'otages**</u>

Arme(s)   <u>**Kalachnikov AK-47**</u>

Mort(s)   17(et <u>terroristes</u>és)

Blessé(s)   22

Auteur(s)   <u>Chérif et Saïd Kouachi</u>

<u>Amedy Coulibaly</u>

Organisation(s)   <u>Al-Qaïda dans la péninsule Arabique(AQPA)</u>[1]

<u>État islamique</u>

Source: Wikipédia

2. <u>Les attentats à Paris du 13 Novembre 2015</u>

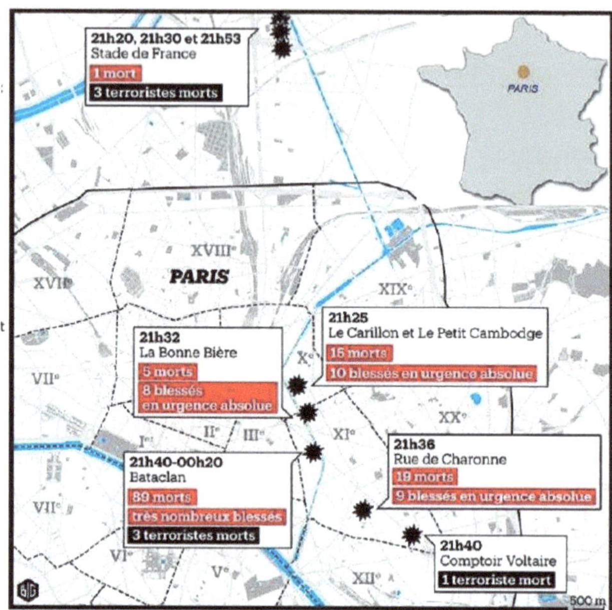

Source: Wikipédia

Ceci nous pousse à nous poser cette question: POURQUOI LA FRANCE?

En effet selon les statistiques, le seul pays en Europe qui possède dans son territoire **plus des juifs,** c'est bien la France. Il y a en France à peu près **500.000 juifs.**

Nous devons également nous souvenir du lien entre la France et l'Etat d'Israël. Cela remonte à très longtemps en 1894 et la base de ce lien, c'est l'**affaire Dreyfus. Dreyfus** était un officier français d'origine juive. Il était accusé faussement par les autres officiers français d'être un espion et d'avoir livré des documents secrets français aux allemands. Il a été ainsi accusé faussement parce qu'il était français d'origine juive. Il a été condamné sur base des documents falsifiés, humilié et dégradé en public devant des journalistes en provenance de plusieurs pays. C'était humiliant et scandaleux.

Parmi les journalistes présents, il y avait un journaliste Hongrois du nom de **Théodor Herzl.** Il fut très choqué et lorsqu'il rentra à Vienne, il écrivit un article qui deviendra célèbre intitulé '**Der Judenstaat'.** Dans cet article, il déclara l'importance pour les juifs d'avoir **un Etat.**

Parce qu'aussi longtemps qu'ils n'auront pas un **Etat Juif**, ils seront toujours meprises et humilies. C'est a ce moment qu'a commence **le Sionisme** avec comme slogan:

«**L'an prochain à Jérusalem**».

Les juifs avaient commencé à écrire leur histoire.

15 fevrier 1896 – Parution de *L'État juif*

Le 15 février 1896 apparaît dans la vitrine d'une **librairie de Vienne** un **ouvrage mystérieux** :*Der Judenstaat, Versuch einer Modernen Lösung der Judenfrage*(L'État juif, recherche d'une réponse moderne à la question juive).

L'auteur, Theodor Herzl (35 ans), est un journaliste hongrois d'origine juive... mais très éloigné du judaïsme traditionnel. Il a suivi à Paris l'année précédente le déroulement de l'Affaire Dreyfus pour le compte de la Neue Freie Zeitung**, un journal de Vienne. Il a assiste en particulier a la**<u>cérémonie de dégradation</u>**capitaine dans la cour des Invalides.**

Antisémitisme révoltant

Le jeune journaliste a été révolté par la flambée d'<u>antisémitisme</u>**la patrie des Droits de l'Homme. Il en a tiré la conclusion qu'il est illusoire pour les juifs de chercher leur salut dans l'assimilation et qu'ils doivent posséder leur propre État. Cet État doit être en**

mesure d'offrir un refuge à tous les juifs qui viendraient à être persécutés. C'est la thèse qu'il présente dans son ouvrage :*Der Judenstaat*.

Sa thèse suscite d'emblée l'enthousiasme chez les humbles juifs orientaux. Elle rejoint aussi les aspirations de nombreux<u>militants«»</u>, depuis une quinzaine d'années, ont commencé à émigrer en Palestine.

Le mouvement sioniste s'organise

Dans les mois qui suivent la parution de*L'État juif*, Theodor Herzl et ses amis Max Nordau et Israel Zangwill decident de reunir un congres. La ville de Munich est pressentie mais les rabbins locaux, comme l'immense majorite des rabbins, se montrent hostiles au mouvement sioniste et c'est finalement a Bale, en Suisse, que se retrouvent en aout 1897 les 204 delegues juifs.

Ce premier Congrès sioniste définit un plan d'action (le«*de Bâle*»). Il preconise la colonisation de la Terre sainte par des paysans, des ouvriers et des artisans juifs, et une action politique en vue de legitimer le nouvel Etat.

Les Congrès suivants, année après année, organisent le mouvement sioniste. Ils créent une Banque nationale juive puis, à l'initiative du chimiste Chaïm Weizmann, qui deviendra en 1949 le premier président de l'État d'Israël, est créé en 1905 un *Fonds national juif* l'achat de terres agricoles en Palestine.

La colonisation est conduite au nom du slogan:

«terre sans peuple pour un peuple sans terre». Elle fait fi de la presence sur place, en Palestine, d'habitants musulmans, chretiens... ou juifs. Theodor Herzl lui-meme n'exclut pas, il est vrai, d'expulser les indesirables.

Le fondateur du mouvement sioniste crée un hebdomadaire à Vienne, *Die Welt*, et, en 1902, publie un roman d'anticipation qui evoque la vie dans le futur Etat.

Intitulé en allemand *Altneuland* (*Terre ancienne, terre nouvelle*), le roman decrit le sionisme comme *«poste avancé de la civilisation, un rempart de l'Europe contre l'Asie, s'opposant à la barbarie»*.

Mortelle menace

Theodor Herzl multiplie les contacts avec les chefs d'État, y compris le pape Pie X, le sultan Habdul-Hamid III, l'empereur Guillaume II et le ministre britannique Joseph Chamberlain. En 1903, celui-ci lui offre d'installer l'État juif... en Afrique, sur le territoire de l'Ouganda, alors possession britannique.

Theodor Herzl, insensible à la composante religieuse du sionisme et craignant de ne jamais avoir gain de cause en Palestine, veut se saisir sans tarder de cette offre, faute de mieux. Il est suivi par Éliezer Ben Yéhouda, le créateur de l'hébreu moderne, et par le mouvement religieux ultranationaliste Mizrahi.

Il réunit à Bâle, en août 1903, un VIe Congrès sioniste et annonce aux délégués:

«'ai une grande surprise pour vous : Sa Majesté, le souverain de l'empire britannique, vous offre un cadeau, l'Ouganda!»

L'annonce survient peu après le premier grand<u>pogrom</u>XXe siècle, à Kichinev, dans la province russe de Moldavie : une soixantaine de juifs ont été assassinés sans motif par la foule. Max Nordau lance aux délégués:*«avons besoin d'un asile de nuit, lieu de repos pour les persécutés»*(<u>*</u>).

Les«»fulminent. Ils ne veulent rien d'autre que la Palestine. Mais ils se retrouvent en minorite face a une majorite de«»êts à accepter l'offre britannique.

Le mouvement fait scission.

Les *sionistes* non sans mal la colonisation de la Palestine cependant que les *territorialistes* étudient après l'Ouganda d'autres territoires tout aussi invraisemblables avant de rejoindre enfin les *sionistes*.

Épilogue

Épuisé par son inlassable activité et les conflits au sein de son mouvement, Theodor Herzl meurt le 3 juillet 1904, à l'âge de 44 ans. Son rêve va recevoir une impulsion décisive avec la<u>déclaration Balfour</u>2 novembre 1917 qui apporte aux sionistes l'appui officiel de la couronne britannique.

Il trouvera son aboutissement en novembre 1947, peu après le<u>génocide des juifs européens,</u> lorsque l'assemblee generale des Nations Unies votera le partage de la Palestine en deux Etats, l'un arabe, l'autre juif. L'<u>État d'Israël </u>officiellement proclamé le 14 mai 1948 par David Ben Gourion.» André Larané (les Amis d'Horodote.net).

C'est suite à l'affaire Dreyfus en France qu'il y a eu vraiment une nécessité pour les juifs de retourner en Palestine. Les attentats de Charlie Hebdo de janvier 2015 et aussi ceux de Novembre 2015 à Paris ont suscité chez les juifs français le désir de retourner en Israël. Ils doivent retourner en Israël parce que le temps de nations se termine et Dieu va se tourner vers Israël. Ils attendent leur Messie et pour démontrer que leur rédempteur est à la porte, ils ont déjà commencé la préparation de la construction du temple. **Tous les ustensiles du temple sont déjà là, même le plan et aussi la vache rousse pour les eaux de purification.**

Voilà une question que je désire poser:

S'IL VOUS PLAIT, QUELLE HEURE EST-IL?

Je vous souhaite les riches bénédictions de notre Seigneur et Sauveur Jésus-Christ pour cette nouvelle année 2016.

Que le Seigneur vous bénisse.

A son service

Bro. Leonard LIFESE